POR ENCIMA

Y POR DEBAJO

AMY CULLIFORD

Traducción de Gilda Kupferman

Un libro de Las Raíces de Crabtree

CRABTREE
Publishing Company
www.crabtreebooks.com

T0019819

Apoyos de la escuela a los hogares para cuidadores y maestros

Este libro ayuda a los niños en su desarrollo al permitirles practicar la lectura. Abajo están algunas preguntas guía para ayudar al lector a fortalecer sus habilidades de comprensión. En rojo hay algunas opciones de respuesta.

Antes de leer:
- ¿De qué pienso que trata este libro?
  - *Pienso que este libro es sobre las direcciones.*
  - *Pienso que este libro da el significado de por encima y de por debajo.*
- ¿Qué quiero aprender sobre este tema?
  - *Quiero aprender como un objeto se ve cuando está por encima y por debajo.*
  - *Quiero aprender que significa cuando un objeto está por encima de otro objeto.*

Durante la lectura:
- Me pregunto por qué...
  - *Me pregunto por qué un puente tiene cables.*
  - *Me pregunto por qué la gente se sienta por debajo de un árbol.*
- ¿Qué he aprendido hasta ahora?
  - *Aprendí que una pelota puede estar por encima de una red o por debajo de una red.*
  - *Aprendí como las direcciones por encima y por debajo son.*

Después de leer:
- ¿Qué detalles aprendí de este tema?
  - *Aprendí que la gente puede nadar por debajo del agua y manejar por encima del agua en un puente.*
  - *Aprendí que unos objetos por encima de otros objetos están más alto del suelo.*
- Lee el libro una vez más y busca las palabras del vocabulario.
  - *Veo la palabra **red** en la página 3 y la palabra **árboles** en la página 7. Las demás palabras del vocabulario están en la página 14.*

Esta pelota está por encima de la **red**.

Esta pelota está por debajo de la red.

Un pájaro vuela
por encima de los
árboles.

La gente se sienta por debajo de un árbol.

El **puente** está por
encima del agua.

Terry está por debajo del agua.

Lista de palabras

Palabras básicas

agua   pelota   sienta

el/la   por debajo   vuela

esta   por encima

gente   pájaro

Palabras para conocer

árboles

puente

red

46 Palabras

Esta pelota está por encima de la **red**.

Esta pelota está por debajo de la red.

Un pájaro vuela por encima de los **árboles**.

La gente se sienta por debajo de un árbol.

El **puente** está por encima del agua.

Terry está por debajo del agua.

Written by: Amy Culliford
Translation to Spanish: Gilda Kupferman
Designed by: Rhea Wallace
Series Development: James Earley
Proofreader: Janine Deschenes
Educational Consultant: Marie Lemke M.Ed.

Photographs:
Shutterstock: StudioPetPhotos: cover, p. 1; zieusin: p. 3,
    14; Kobkob: p. 5; muratart: p. 6, 14; Jim Lambert: p. 9;
    ESBProfessional: p. 10, 11, 14; Andrey Armyagov: p. 13

Library and Archives Canada
Cataloguing in Publication

CIP available at Library and
Archives Canada

Library of Congress Cataloging-in-Publication Data

CIP available at Library of Congress

Crabtree Publishing Company

www.crabtreebooks.com   1-800-387-7650

Printed in the USA/062022/CG20220124

Published in the United States
Crabtree Publishing
347 Fifth Avenue, Suite 1402-145
New York, NY, 10016

Published in Canada
Crabtree Publishing
616 Welland Ave.
St. Catharines, Ontario L2M 5V6